NÚMERO ESPECIAL

BUKOWSKI

buenosaires
poetry

Nº Especial dedicado a Charles Bukowski –
Ciudad Autónoma de Buenos Aires : Buenos Aires Poetry, 2018.
120 p. ; 17 x 21 cm.
ISBN 9789873355011
Poesía estadounidense. I.

Colección ©Abracadabra
Dirigida por @Juan Arabia
Diseño Editorial ©Camila Evia

Ciudad de Buenos Aires, Argentina.
www.editorialbuenosairespoetry.com

Índice

PRÓLOGO: *Hank y el último pez* 11

BUKOWSKI habla 1er entrevista, *1963* 27
BUKOWSKI se encuentra con **NEAL CASSADY** 35
CHINASKI se encuentra con **WILLIAM BURROUGHS** 43
Esto es lo que mató a **DYLAN THOMAS** 49

POESÍA DE CHARLES BUKOWSKI 59

Fante 61
Breve conversación con John Fante por la tarde 65
4:30 A.M 67
Carson McCullers 71
Felicidades, Chinaski 75
Millonarios 79
Poesía 81
El luchador 85

Los sustitutos 87
Uno para el viejo chico 89
Mis gatos 93
Tira los dados 97
Como un delfín 101

JOHN FANTE & **CHARLES BUKOWSKI**, *por Juan Arabia* 105
Carta de **JOHN FANTE** a **CHARLES BUKOWSKI**, *1979* 113

Prólogo

HANK Y EL ÚLTIMO PEZ

Charles Bukowski (Andernach, 1920 – San Pedro, California, 1994) fue un escritor muy poco probable, y muy extraño por cierto, para la historia de la literatura estadounidense. El cimiento de la "generación beat", en verdad, y toda esa forma de literatura experiencial que lo precedió, muy poco tiene que ver con un nombre que tuvo un sólo y único objetivo: escribir con el corazón.

En Bukowski no caben las poses antiinstitucionales de un beat. Los beats eran lobos de una manada, actuaban en grupo, se autoproclamaban y reproducían. Algo parecido a un efecto publicitario de sentido, la conformación de una moda, o a un grupo de jóvenes que se escapaban de un recreo.

Charles Bukowski, nacido en Alemania y trasladado a los dos años a la ciudad de Los Ángeles, se parece más a escritores como Knut Hamsun o John Fante. Porque mucho antes que un movimiento o tendencia, y ante todo, era un hombre. Bukowski sólo vale por su prosa y por su poesía, y sólo por eso hoy lo reconocemos y valoramos.

Sea como fuere, Bukowski se valió por sus propios medios. Sin formación académica, sin contactos en el campo literario. Sin amigos, básicamente. Y logró lo que todos los escritores anhelan: ser leído por todo tipo de público y vivir, aunque de forma tardía, de su escritura.

En algunas de sus novelas autobiográficas (*Post Office*, *Factotum*, *Women* y *Hollywood*) nos encontramos con el hombre que escribió como pocos acerca de la realidad y de los propios sentimientos, y que vivió una experiencia única, cuyo nombre o *alter ego* de ficción era Henry Chinaski.

Puede el lector o no estar familiarizado con la obra John Fante o con Knut Hamsun, pero estas novelas —antes que nada— son claros homenajes a estos dos escritores, y por tanto a sus experiencias. En ambos casos, incluido el de Bukowski, hablamos de hombres de genio literario que se enfrentaron a la realidad desde los lugares más sórdidos y desalentadores. Por seguro, y más allá de la ficción, todos creyeron que la literatura era algo parecido a una falla y no una virtud, íntima y personal, propia de una especie desconocida hasta entonces, como un castigo autoimpuesto. ¿Quiénes eran estos letrados sin estirpe, hijos de la perdición y de la pobreza? En el prólogo que preparó para *Ask the Dust* de John Fante y su reedición de 1979, Bukowski recordaba: "Yo era joven, pasaba hambre, bebía, quería ser escritor. Casi todos los libros que leía pertenecían a la Biblioteca Municipal del centro de Los Ángeles, pero nada de cuanto me caía en las manos tenía que ver conmigo, con las calles, ni con las personas que me rodeaban (...) ¿Por qué nadie decía nada? ¿Por qué no alzaba nadie la voz por encima de la de los demás? Pero cierto día cogí un libro, lo abrí y se produjo un descubrimiento. Pasé unos minutos hojeándolo. Y entonces, a semejanza del hombre que ha encontrado oro en los basureros municipales, me llevé el libro a una mesa (...). He ahí, por fin, un hombre que no se asustaba de los sentimientos. El humor y el sufrimiento se entremezclaban con sencillez soberbia (...). El libro se titulaba *Pregúntale al polvo* [*Ask the Dust*] y el autor se llamaba John Fante. Tendría una influencia vitalicia en mis propios libros".

Si bien estas tres novelas fueron escritas cuando Charles Bukowski ya se dedicaba por completo a las letras (el autor tendría unos cincuenta años y había hecho un pacto con John Martin, editor de Black Sparrow, para dedicarse exclusivamente a la literatura), en la única historia que refleja su relativo éxito literario es en *Women* (1978) y en *Hollywood* (1989). *En Factotum* (1975), en cambio, presenta un monólogo fundacional, sus orígenes. Es la época en la que el autor deambula de un distrito al otro de los Estados Unidos, buscando trabajo, escribiendo pequeñas historias, siempre rechazadas por las revistas.

La historia comienza en Nueva Orleans, aunque bien podría haber comenzado en Florida, Filadelfia o Nueva York, todas ciudades por las que merodea el autor en *Factotum.* Si bien el escenario de la mayoría de los trabajos de Bukowski transcurre en Los Ángeles, se trata de una época en la que el autor viaja la mayoría del tiempo: "Había trabajado el tiempo suficiente como para ahorrar lo que me pudiera costar un billete de autobús a cualquier otra ciudad, más unos cuantos dólares para arreglármelas cuando llegase. Dejé mi trabajo, cogí un mapa de los Estados Unidos y lo miré por encima. Decidí irme a Nueva York. Me llevé cinco botellas de whisky en la maleta para el viaje. Cuando alguien en el autobús se sentaba a mi lado y comenzaba a hablarme, yo sacaba la botella y me pegaba un largo trago. Me dejaban tranquilo".

Hablamos de Hank, o Henri Chinaski, que ya había abandonado sus estudios universitarios en periodismo y cuyo único propósito era beber, acostarse con cualquier mujer que se encontrara en su camino y apostar en las carreras de caballo. Todo esto, claro, sin la necesidad de hablar mucho o desear amigos. Aunque escribía cuentos, además, y los enviaba al *Atlantic Monthly:* "Escribía tres o cuatro relatos cortos por semana. Los enviaba por correo. Me imaginaba a los editores de Atlantic Monthly y Harper's diciendo: —Vaya, aquí tenemos otra cosa de esas que escribe ese chiflado...". En su pobreza y dedicación, y, especialmente, en su humilde entorno de Los Ángeles, el joven Bukowski se parecía mucho a Arturo Bandini, el héroe de las novelas de John Fante.

A pesar de esa vida de constante rechazo y de búsqueda de trabajos temporarios (atendiendo locales de ropa, vendiendo repuestos de autos, limpiando las oficinas de un diario...), sin embargo, una esperanza radiaba desde su interior: "Eso era todo lo que necesitaba un hombre: esperanza". En *Factotum* Bukowski se conforma con narrar estos hechos de manera objetiva. La realidad, como una ola impostergable y destructiva, se describe de una forma muy natural, y todavía están muy lejos los cimientos de su vocación y formación literarias. Estamos frente a un autor al que sólo le aterra la vida, por ahora, y al que le aterra todo lo que un hombre tiene que hacer sólo para comer, dormir y vestirse. En la primera entrevista publicada en un medio importante, *Chicago Literary Times* (1963), Bukowski sin embargo decía que había comenzado a escribir a los 35 años.

Si bien *Post Office* (1971) fue su primera novela publicada, cronológicamente describe la segunda parte de su vida, y por tanto corresponde leerla después de *Factotum* y *Ham on rye* (1982). Si bien no nos hallamos ante su mejor novela, es un documento muy importante en materia historiográfica para la vida del autor. En esta novela, Bukowski describe gran parte de su vida, y el transcurso que va desde desde 1952 a 1969, cuando trabajó como cartero en el Servicio Postal de los Estados Unidos. En este trabajo se dan las mismas constantes, y se hacen las mismas preguntas que en *Factotum*: "No sé cómo ocurren las cosas. Tenía que mantener a mi hija, necesitaba algo para beber, pagar el alquiler, zapatos, camisas, calcetines, todas esas cosas. Como cualquier otro, necesitaba un coche, algo de comer, por no hablar de todos los pequeños detalles intangibles". Hay muy pocas referencias a su carrera literaria, sin embargo, y en estos años sólo parece perdurar su afición a la bebida y a los caballos. Bukowski escribió esta novela tan solo en un mes por pedido exclusivo de John Martin. La propuesta del editor de Black Sparrow (que más tarde publicaría las novelas de John Fante) era que Bukowski dejara su trabajo en la oficina de correos, a cambio de escribir estas novelas y recibir por ellas un sueldo básico mensual para sus gastos. Al parecer, en aquella época, el autor había conseguido vivir y apagar su oceánica sed con tan solo 100 dólares mensuales.

En *Women* (1978), a diferencia de las otras novelas, el *alter ego* Chinaski ya se reconoce como escritor y poeta. De hecho, en esta historia se refleja el comienzo de su éxito en su carrera literaria.

Henry Chinaski había publicado libros, y sus historias ya habían sido traducidas a varios idiomas. Era invitado a dar lecturas de poesía por varios distritos de los Estados Unidos, ganaba dinero, se emborrachaba mientras leía y provocaba a los públicos más salvajes: "Yo no tenía que hacer nada. Ellos lo hacían todo. Pero tenías que andarte con cuidado. Bebidos como estaban podían inmediatamente detectar cualquier gesto falso, cualquier palabra falsa. Nunca podías desestimar a un público. Había pagado para entrar; había pagado las bebidas; querían obtener *algo* a cambio, y si no se lo dabas te correrían hasta el océano (…). No podías menospreciarlos y tampoco podías lamerles el culo". Además, era uno de los poetas con mayor convocatoria en el ámbito, y en sus recitales el público siempre llegaba hasta la otra vuelta de la manzana. Sin embargo, y más allá de todo esto, el libro es un reflejo de su experiencia con las mujeres. Luego de cincuenta años de vivir en la pobreza y oscuridad absoluta, de repente Chinaski comienza a ser conocido, y las mujeres y admiradoras aparecen por todas partes: le escriben cartas, lo llaman por teléfono, lo seducen en los recitales de poesía. Y pese a que el autor no rechaza a ninguna de ellas, el libro es ante todo una historia de amor y de su relación con Lydia Vance, y la debilidad que siente por su enamoramiento. Algo muy parecido ocurre con el estilo del libro, y con cada uno sus trabajos. Si por momentos todo parece estar lleno de vulgaridad, sexo explícito y alcohol, detrás de cada página se esconde una sensibilidad e inteligencia innata muy propia y característica de todo el trabajo de Charles Bukowski: "Y sin embargo las mujeres, las buenas mujeres, me daban miedo porque a veces querían tu alma, y lo poco que quedaba de la mía, quería conservarlo para mí. Básicamente deseaba prostitutas, porque eran duras, sin esperanzas, y no pedían nada personal. Nada se perdía cuando ellas se iban. Pero al mismo tiempo soñaba con una mujer buena y cariñosa, a pesar de lo que me pudiera costar".

De la misma forma que la tetralogía de Arturo Bandini de John Fante, *Women* es además un retrato de la ciudad de Los Ángeles, y a la vez una burla de los sectores más despreciados por Charles Bukowski: el ámbito cerrado de las universidades, el esnobista mundo de los escritores y del ambiente de Hollywood (al que más tarde denunciaría enfáticamente en *Hollywood*).

A diferencia de las dos primeras novelas, además, por primera vez encontramos un verdadero juicio de valor sobre otros escritores. Cuando creíamos no saber mucho de la formación literaria de Charles Bukowski (pese a una breve mención de Henry Miller en *Factotum*), en *Women* encontramos una clara admiración por escritores como Knut Hamsun, al que juzga como "el escritor más grande del mundo", o el ya recordado John Fante: "—¿Quién es su autor favorito? —Fante. —¿Quién? —John F-a-n-t-e. *Pregúntale al polvo. Espera a la primavera, Bandini.* —¿Dónde podemos encontrar sus libros? —Yo los encontré en la biblioteca central. Entre la quinta y la calle Olive. —¿Por qué le gusta? —Emoción total. Un hombre muy bravo. —¿Quién más? —Céline. —¿Por qué? —Le rajaron las tripas y se rió, y les hizo reír también. Un hombre muy bravo. —¿Cree usted en la bravura? —Me gusta verla donde sea, en animales, pájaros, reptiles, humanos. —¿Por qué? —¿Por qué? Me hace sentir bien. Es una cuestión de estilo frente a algo sin arreglo. —¿Hemingway? —No. —¿Por qué? —Demasiada basura, demasiada seriedad".

Encontramos, además, un claro menosprecio a escritores como Norman Mailer y Truman Capote, y un completo desinterés por la poesía y los trabajos de Allen Ginsberg y William Burroughs, último con el que comparte una lectura —tal como relata en *Women*— y al que prefiere no conocer (el desinterés, tal como lo describe Chinaski, en realidad había sido mutuo).

Esa breve alusión a John Fante en *Women*, sin embargo, fue muy importante para el mundo de las letras, o bien para la historia de la literatura estadounidense. Gracias a ese comentario, y porque Bukowski en aquel entonces ya era un autor muy reconocido en varias partes del mundo, se desenterró a uno de los más grandes precursores de un estilo llamado por muchos "realismo sucio" (*dirty realism*), y del que forman parte escritores como Carson McCullers (autora a la que Bukowski le dedica un poema), Raymond Carver y Tobias Wolff, entre otros.

Estas novelas autobiográficas representan una corriente que supera al propio estilo coloquial y realista de la ficción del siglo XX. Avanza, primero, en dirección a los aspectos más vulgares de la vida cotidiana. Y lo hace, de hecho, a partir de un lenguaje sobrio y sin adornos. La poesía de Charles Bukowski avanza en esa misma dirección, arrastrando a la literatura a un pequeño extremo del camino por el que todos tienen inevitablemente que pasar. Incluso sus trabajos en materia de crítica (artículos escritos para la revista under *Open City*, como "Esto es lo que mató a Dylan Thomas" y publicados por Anagrama bajo el título *Escritos de un viejo Indecente;* o el mismo prólogo que preparó para la primera edición de *Ask the Dust* de John Fante) son textos escritos sin mediaciones o consideraciones previas. Charles Bukowski no se asusta de sus propios sentimientos, escribe desde su corazón, a partir de su experiencia.

Dan Fante, hijo del ahora célebre narrador ítalo-americano, decía que Bukowski había tenido la misma suerte que Raymond Carver, ya que ambos habían atrapado su último pez —su anzuelo final— en el primer intento.

Si bien los hechos contradicen sus juicios y entrevistas, la primera publicación de Bukowski se dio en 1944 (a sus 24 años), con la aparición del cuento "Aftermath of a Lengthy Rejection Slip" en el número de marzo-abril de *Story Magazine*. Dirigida por Whit Burnett, en dicha revista, además, habían publicado por primera vez autores como J. D. Salinger. Los problemas personales de Bukowski —las palizas que le daba su padre, por ejemplo— fueron retratados con extrema fuerza y solidez en cuentos como "Son of Satan". En una entrevista para otra revista norteamericana, Bukowski comentó que había comenzado a beber a los 13 años para calmar el dolor por los continuos golpes que le daba su padre.

Pese a lo autorreferencial en su ficción, y pese a que se trate de un autor más conocido por sus novelas y cuentos, dedicó gran parte de su vida a la poesía, escribiendo y publicando más de veinte libros en el género desde 1959 hasta el día de su muerte.

Con sus relatos cortos y novelas hizo algo de dinero, pero su corazón siempre estuvo más cerca de la poesía, género con el que se sintió sin duda más cómodo en sus últimos días.

Sus poemas fueron publicados por primera vez en periódicos de Los Ángeles como *Open City* y *The Los Angeles Free Press* y en pequeñas revistas literarias. *Flower, Fist and Bestial Wail*, su primera colección de poesía, se publicó en 1959.

A diferencia de la atmósfera que prevalecía todavía de la influencia la Nueva Crítica, y la convergencia posterior de la Escuela de Nueva York (John Ashbery y Frank O´Hara, entre otros), es decir, de una poesía llena de giros, revisión y trabajo (pese a su falsa espontaneidad), Bukoswki planteaba que los poemas "tenían que salir de la misma forma que sale un vómito a la mañana luego de una borrachera".

De la misma forma con la que Walt Whitman, William Carlos Williams y la "generación beat" —cada uno a su forma y en su propia época— llevaron a la poesía hacia un lenguaje más natural, propio del habla y de las costumbres estadounidenses, Bukowski lo empujó incluso más cerca todavía del verdadero núcleo y centro del corazón de la sociedad norteamericana. Enfermo de leucemia, ya hospitalizado, escribió poemas como "my last winter", "a summation" y "like a dolphin". Esperó a la muerte con la misma tranquilidad con la que siempre esperaba otra cerveza. Pocos escritores fueron tan radicalmente solitarios y originales como él.

Decíamos que Bukowski siempre parecía atrapar el último pez. Aunque todas las historias terminan, y todo pescador arroja su anzuelo por última vez. La imagen que encontramos en uno de sus últimos poemas, paradójicamente, es la de un delfín: "Morir tiene su lado difícil. / No hay escapatoria. / El guardián tiene su ojo en mí. / Su ojo malo. / Estoy cumpliendo la condena ahora. / En soledad. / Encerrado. / No soy el último ni el primero. / Sólo te estoy diciendo cómo es. / Me siento sobre mi propia sombra. / El rostro de los ancianos oscurece. / Las viejas canciones todavía suenan. / Con una mano en mi mentón, sueño con nada / Mientras mi perdida infancia / Salta como un delfín / En el mar congelado."

–Juan Arabia

≈

Nota

Las traducciones incorporadas en esta nota preliminar (al menos el caso de las novelas citadas de Bukwoski) fueron tomadas de las ediciones preparadas por Jorge Berlanga para la editorial Anagrama. El resto de las traducciones, incluyendo la totalidad del contenido del presente volumen [en poesía, ficción y ensayo], fue realizado exclusivamente para el *N° Especial de Charles Bukowski, Buenos Aires Poetry*, 2018.

≈

July 24, 19sevenVII

linda:

my birthday is Augie 16, I was born in 1920 and my plans are to live to be 80 with both pecker and brain and gutsoul singing up until the last tick. meanwhile, I abuse myself.

who comes to my readings? mostly people who go to curio shops, circuses and rock concerts. but they pay and I dance.

I know all about 9 to 5, more like 8 to 5 and then they give you ovetime to make you feel good. "Oh, boy, Bukowski, we're getting overtime again tonight! Isn't that great?"

"Sure is, kid."

I worked and didn't work, and starved until I was 50. Now I'm having a little luck. How long will it hold? I'm reading at the Houston Museum of Modern Art, or some such thing, this fall, and I used to change batteries in the service station for Sears-Roebuck there. Everything seems so odd, like that, and then I look around and read what the others are writing, and I see that they are just game-playing. And grim and deathly about it and not very good at it. So, shit, why should I still change batteries? Or do all the things I had to do. But having to scratch put me in some positions that most professional writers, professors, that sort, never get into. All their blather is such high-level blather. They've never had to fight a 6 foot 6 inch nigger behind a factory on coffee break time. I had to fight for my life and my mind every day, and still do. I'll say one thing--in those factories I always seemed to end up as the clown-hero. There were some haters but not all the haters that there are now. But that's a good sign. I like good signs. And I like this beer I'm drinking and this rolled Prince ~~Abler~~Albert cigarette and some of this Chopin on the radio and I like the way the girls in the Love Parlours on Western Ave. wave to me, although I never go in, I'm frightened.

I don't trust being the pure dedicated artist and living for my art. I've seen too many of that gang. I don't believe in preciousness nor do I believe in humility. There's a way of sitting back until things up and jump on you. Van Gogh went crazy not because of the flowes and the sun and the crows and the children who jived him, he went crazy because he tried too hard and too continually and because of a bad diet. Hemingway too whacked it off too often but at least he went fishing or watched the bulls once in a while. I think he boozed more than is admitted and I can't help liking him for it. Drunks are a low-breed drag most of the time, still there's something ultimately human, childish and cleasning about it. I think.

The 8 hour day is the greatest killer ever invented. Take an 8 hour day, add transport, getting ready, eating, breakfast, lunch, righting your laundry, paying bills, getting ass or gas, fixing the hair on your head, dentist, income tax, driver's ~~license license~~ license, fire, accident, rain, snow, insomnia, fleas, friends, broken finger~~anf~~nails, the purchases of various supplies, shitting, pissing, getting sick, time to think and so forth and so forth....

The person working and 8 hour day has <u>one hour free time</u>. And there is <u>always</u> somebody at the door ready to take that hour, somebody who doesn't need it, somebody calm and dead and dull, ready to sit in a chair and talk about nothing-- a drainer, a leech, and they'll feel no worse when they leave, they'll feel better because they ~~shv~~ have taken your last drop of blood and somehow they know it. I ~~sued~~ used to stuff rags behind the doorbell ringer in the kitchen and wouldn't answer knocks on the door, and I'd stuff the telephone into a box of rags. That only made them want me worse. Some people like to be popular; I like to be left alone. I am never bored with myself; I may get extremely depressed but that's far from boredom.

Yet one gets to thinking, well, all right when I'm dead, all right, what would it have been? All this cat-calling and wailing and laying down of personal laws. The poems, the paintings, the novels, the getting up from a chair and walking across a room. It all seems very unsubstantial. Yet I guess it ought to be. Who wants to drag all that along? Let it lay.

What happened to your college boy? Get rid of that son of a bitch. I <u>mean</u> it. Right now! I won't let you get away with that <u>kind of</u> shit, you know.

Bukowski
5437 2/5 Carlton Way
Los Angeles, Calif. 90027

Linda Danz

120 E. 85 st.

New York City 10028

BUKOWSKI HABLA

1º *entrevista*

Marzo, 1963

28

Por Arnold L. Kaye, corresponsal en *Los Ángeles del Chicago Literary Times.*

Para el entrevistador, Charles Bukowski es lo que el yeti para el explorador del Himalaya. Es difícil de encontrar y cuando lo has encontrado, la vida se vuelve excesivamente peligrosa. Algunos han dicho que no hay un Charles Bukowski. Durante muchos años un persistente rumor afirmaba que esos borrascosos poemas firmados con su nombre eran en realidad escritos por alguna desagradable anciana con axilas peludas. Pero sí, hay un Charles Bukowski, viviendo de manera solitaria en un apartamento de un cuarto, cama plegable (sí, agua fría), en el corazón de Hollywood, oculto de un lado por la Oficina de Asistencia Pública, la Oficina de Seguridad de la Tercera Edad, y del otro por el Hospital Kaiser Foundation. El pobre Charles Bukowski, con su aspecto de un yonqui jubilado, parece pertenecer a este lugar.

Cuando atendió a la puerta sus ojos tristes, su fatigada voz y su salto de cama de seda me dijeron que aquí estaba, en muchos sentidos, un hombre cansado. Nos sentamos y hablamos, tomamos cerveza y scotch, y finalmente Charles, como una virgen entregándose, sucumbió a su primera entrevista. Desde la ventana, si asomás la cabeza lo suficientemente lejos, podés ver las luces de la casa de Aldous Huxley en lo alto de la colina, donde viven los triunfadores.

Kaye: ¿Le molesta que Huxley esté en un lugar desde el que puede escupirlo?
Bukowski: Ah, esa es una buena pregunta (se metió en el hueco detrás de la cama plegable y salió con un par de fotos suyas).
Kaye: ¿Quién las tomó?
Bukowski: Mi novia. Murió el año pasado. ¿Cuál era la pregunta?
Kaye: ¿Le molesta que Huxley esté en un lugar desde el que puede escupirlo?
Bukowski: No he ni siquiera pensado en Huxley, pero ahora que lo menciona, no me molesta.
Kaye: ¿Cuándo empezó a escribir?
Bukowski: Cuando tenía 35. Considerando que el poeta promedio empieza a los 16, tengo 23.
Kaye: Varios críticos han observado que su trabajo es francamente autobiográfico. ¿Le importaría hablar sobre eso?
Bukowski: Casi todo. Noventa por ciento de cien, si he escrito cien. Lo otro es inventado. Nunca estuve en el Congo belga.
Kaye: Me gustaría hacer referencia a un poema en particular en su libro más reciente, *Run with the Hunted* (*Corre con los cazados*). ¿Por casualidad tendría el nombre y la dirección de la chica que menciona en "A Minor Impulse to Complain" ("Un impulso menor para quejarse")?
Bukowski: No. No hay una chica en particular. Esta es una amalgama de chica, hermosa, con piernas con medias de nylon, no-lo-bastante-puta, criatura de una noche medio borracho. Pero ella existe realmente, aunque no con un solo nombre.
Kaye: ¿No es eso gramaticalmente incorrecto? Parece haber una tendencia a clasificarlo como el personaje ilustre de los poetas solitarios.
Bukowski: No puedo pensar en ningún poeta solitario más allá de uno muerto, (Robinson) Jeffers. El resto de ellos quieren babearse y abrazarse unos a otros. A mí me parece que soy el último de los poetas solitarios.

Kaye: ¿Por qué no le gusta la gente?
Bukowski: ¿A quién le gusta la gente? Muéstreme al que le gusta y le mostraré por qué no me gusta la gente. Punto aparte. Mientras tanto, voy a tener que tomar otra cerveza (se fue malhumorado a la pequeña cocina y le grité mi siguiente pregunta).
Kaye: Esta es una pregunta trillada. ¿Quién es el poeta vivo más grande?
Bukowski: No es trillada. Es dura. Bueno, tenemos a Ezra… Pound, y tenemos a T.S. (Eliot), pero ambos han dejado de escribir. De los poetas que producen, diría… Oh, Larry Eigner.
Kaye: ¿En serio?
Bukowski: Sí. Sé que nunca nadie ha dicho esto. Es todo lo que se me ocurre.
Kaye: ¿Qué piensa de los poetas homosexuales?
Bukowski: Los homosexuales son delicados y la mala poesía es delicada, y Ginsberg ha dado vuelta las cosas al hacer de la poesía homosexual una poesía fuerte, casi poesía varonil. Pero a largo plazo, el homosexual seguirá siendo el homosexual y no el poeta.
Kaye: Para ir a cuestiones más serias, ¿qué influencia piensa que ha tenido Mickey Mouse en el imaginario estadounidense?
Bukowski: Dura. Dura, de verdad. Diría que Mickey Mouse ha tenido más influencia en el público estadounidense que Shakespeare, Milton, Dante, Rabelais, Shostakovich, Lenin, y/o Van Gogh. Lo que dice "¿Qué?" sobre el público estadounidense. Disneyland sigue siendo la atracción central del sur de California, pero la tumba sigue siendo nuestra realidad.
Kaye: ¿Qué le parece escribir en Los Ángeles?
Bukowski: No importa dónde escribas en tanto tengas las paredes, máquina de escribir, papel, cerveza. Podés escribir desde la boca de un volcán. Dígame, ¿piensa que podría conseguir 20 poetas que contribuyan con un dólar por semana para mantenerme fuera de la cárcel?

Kaye: ¿Cuántas veces ha sido arrestado?

Bukowski: ¿Cómo saberlo? No muchas. 14,15 quizás. Pensé que era más duro que eso pero cada vez que me arrestan me arrancan la tripas, no sé por qué.

Kaye: Bukowski, ¿qué ve para el futuro ahora que todo el mundo quiere publicar a Bukowski?

Bukowski: Solía estar tirado borracho en callejones y probablemente lo vuelva a estar. Bukowski, ¿quién es? Leo sobre Bukowski y no parece tener nada de que ver conmigo. ¿Entiende?

Kaye: ¿Qué influencia ha tenido el alcohol en su obra?

Bukowski: Mmm, no creo que haya escrito un poema estando completamente sobrio. Pero he escrito unos pocos buenos o unos pocos malos bajo el martillo de una resaca negra, cuando no sabía qué sería mejor, si otro trago o un cuchillo.

Kaye: Parece sentirse un poco mal hoy.

Bukowski: Me siento un poco mal, sí. Es domingo a la noche. Fue un duro programa de ocho carreras. Estaba 103 arriba al final de la séptima. Derrotado por medio cuerpo por un caballo que pagaba 60-1 y que debería haber sido enlatado como comida para gatos hace años, el perro. Bueno, un día de pocas ganancias o profeta ("profit or prophet", en el original en un juego de palabras en inglés) llevan a una noche de borrachera. Despertado por este entrevistador. Y realmente voy a tener que emborracharme cuando se vaya, y hablo en serio.

Kaye: Señor Bukowski, ¿cree que todos vamos a volar por los aires pronto?

Bukowski: Sí, creo que lo haremos. Es una simple cuestión de matemáticas. Usted tiene el potencial, y luego tiene la mente humana. En algún momento en el futuro va a haber un estúpido o un chiflado en el poder que simplemente nos va a volar a todos hasta el infierno. Eso es todo, calculo.

Kaye: ¿Y cuál piensa que es el papel del poeta en este desastre mundial?

Bukowski: No me gusta la forma en que está expresada la pregunta. El papel del poeta es casi ninguno… deprimentemente ninguno. Y cuando se sale de sus zapatos y trata de ser duro como lo fue nuestro querido Ezra, tiene su pequeño culo rosado cacheteado. El poeta, por regla, es un hombre a medias, un maricón, no una persona de verdad, y no está en condiciones de dirigir a hombres de verdad en cuestiones de sangre, o coraje. Sé que estas cosas son contrarias para usted, pero tengo que decirle lo que pienso. Si hace preguntas tiene que tener las respuestas.
Kaye: ¿Si?
Bukowski: Bueno, no sé…
Kaye: Me refiero en un sentido más universal. ¿Tiene que tener las respuestas?
Bukowski: No, por supuesto que no. En sentido más universal, solo tenemos una cosa. Sabe… una lápida si tiene suerte. Si no, hierba verde.
Kaye: ¿Entonces abandonamos el barco o la esperanza completamente?
Bukowski: ¿Por qué esos clichés, tópicos? Está bien, bueno, diría no. No abandonamos el barco. Digo, tan trillado como pueda sonar, que a través de la fuerza y espíritu y fuego y osadía y riesgo de unos pocos hombres, de unas pocas maneras, podemos salvar la carcasa de la humanidad de ahogarse. Ninguna luz se apaga hasta que se apaga. Peleemos como hombres, no como ratas. Punto aparte. Nada más que agregar.

≈

Extraído de Charles BUKOWSKI, *Sunlight Here I Am: Interviews and Encounters 1963-1993,* Sun Dog Press, Northville, Michigan 2003. Traducción de Mariano Rolando Andrade.

BUKOWSKI *se encuentra con* NEAL CASSADY

Charles Bukowski escribió sus columnas "Escritos de un viejo indecente" en el periódico underground *Open City* publicado en Los Ángeles por John Bryan entre mayo de 1967 y abril de 1969. Tras el cierre de este medio, continuó haciéndolo en otro diario subterráneo, *Los Angeles Free Press*. El propio Bukowski cuenta en el libro que recopila esos escritos cómo surgió la idea: "'¿Qué te parece si nos hacés una columna semanal?' preguntó despreocupadamente, rascándose la barba pelirroja. En fin, la verdad, pensando en otras columnas y otros columnistas, me parecía un aburrimiento imponente. Pero empecé, no con una columna sino con una crítica de Papá Hemingway, de A. E. Hotchner. Luego, un día, después de las carreras, me senté y escribí el título, ESCRITOS DE UN VIEJO INDECENTE, abrí una cerveza, y el texto se hizo solo".

En una de esas columnas, el autor de *Cartero* relata su encuentro con el mítico Neal Cassady, amigo de Jack Kerouac y Allen Ginsberg y fuerza motriz para *En el camino*. Bukowski, que nunca sintió mucha afinidad con los Beats aunque muchos insisten en asociarlo a ese grupo, admiraba a Cassady, como queda demostrado aquí.

La reunión, organizada por el fundador y editor en jefe de *Open City*, John Bryan, tuvo lugar en Los Ángeles después de la Navidad de 1967, es decir poco antes de la muerte de Cassady en México en febrero del año siguiente.

conocí al chico de Kerouac Neal C poco antes de que bajase a echarse junto a aquellas vías de tren mexicanas para morir. sus ojos se clavaban en vos como viejos escarbadientes y tenía la cabeza en el parlante, sacudiéndose, saltando, comiéndote con los ojos. llevaba una camiseta blanca y parecía estar cantando como un chiflado al compás de la música, *precediendo* el ritmo justo un poco como si fuese él quien dirigiera la procesión. me senté con mi cerveza y lo miré. había tomado un pack o dos de seis. Bryan se estaba ocupando de dar instrucciones y algunos rollos de película a dos chicos que iban a cubrir aquel show que seguían prohibiendo. lo que pasase con aquel show del poeta de Frisco, no me acuerdo su nombre. en todo caso, nadie se fijaba en Neal C y a Neal C no le importaba, o eso pretendía. cuando terminó la canción, los 2 chicos se fueron y Bryan me presentó al fabuloso Neal C.

"¿una cerveza?", le pregunté.

Neal agarró una botella, la tiró al aire, la atrapó, sacó la tapa y vació el medio cuarto en dos largos tragos.

"tomá otra".

"claro".

"pensé que era bueno con la cerveza".

"Soy el chico duro de la cárcel. Leí cosas tuyas".

"Leí cosas tuyas también. Aquella parte en la que salías por la ventana del baño y te escondías desnudo en los matorrales. Buen material".

"Ah, sí".

seguía tomando cerveza, nunca se sentaba. se mantenía en movimiento. estaba un poco mareado por la acción, la luz eterna, pero no había odio alguno en él. te caía bien incluso aunque no quisieras porque Kerouac lo había preparado para el golpe a traición y Neal había picado, seguía picando. pero sabías que Neal era un buen tipo, y otro modo de mirar las cosas es que Jack sólo había escrito el libro, no era la madre de Neal. solo su destructor, deliberado o no.

Neal bailaba por la habituación en el Eterno Subidón. su rostro parecía viejo, dolorido, todo eso, pero su cuerpo era el cuerpo de un chico de dieciocho.

"¿querés intentar con él, Bukowski?", preguntó Bryan.

"see, ¿querés tratar, nene?", me preguntó.

sin odio, otra vez. solo siguiendo el juego.

"no, gracias. cumpliré cuarenta y ocho en agosto. ya tuve mi última paliza".

no hubiera podido ocuparme de él.

"¿cuándo fue la última vez que viste a Kerouac?", pregunté.

creo que dijo 1962, 1963. en todo caso, mucho tiempo atrás.

me quedé con Neal tomando cerveza y tuve que salir y conseguir más. el trabajo en la oficina estaba casi terminado y Neal se estaba quedando en lo de Bryan y B. me invitó a cenar. dije "dale" y como estaba un poco puesto no me di cuenta de lo que iba a pasar.

cuando salimos empezaba a caer una fina llovizna. del tipo que realmente caga las calles. todavía no lo sabía. pensaba que iba a manejar Bryan. pero Neal subió y agarró el volante. me senté en la parte de atrás. B. subió adelante con Neal. y empezó el viaje. derecho por aquellas calles resbalosas, y cuando parecía que estábamos pasando la esquina, entonces Neal decidía doblar a la derecha o a la izquierda. pasábamos autos estacionados, la línea divisoria a un pelo. solo puede ser descrito como un pelo. un poco del otro lado y estábamos todos muertos.

cuando salíamos del paso yo siempre decía algo ridículo como "bueno, ¡chupame la pija!" y Bryan reía y Neal solo seguía manejando, nunca serio ni feliz ni sarcástico. solo ahí, haciendo los movimientos. comprendí. era necesario. era su plaza de toros, su pista de carreras. era *santo* y necesario.

lo mejor fue justo después de Sunset, para el norte hacia Carlton. la llovizna era fuerte ahora, arruinando tanto la visibilidad como las calles. saliendo de Sunset, Neal eligió su siguiente movimiento, ajedrez a toda velocidad, tenía que ser calculado en una décima de segundo. girar a la izquierda en Carlton nos llevaba a lo de Bryan. estábamos a una manzana. había un auto adelante y dos acercándose. podría haber bajado la velocidad y seguido el tráfico pero habría perdido su movimiento. no Neal. pasó al auto delante nuestro y pensé, es todo, no importa, realmente no importa para nada. esa es la forma por la que pasa por tu cabeza, esa fue la forma por la que pasó por mi cabeza. los dos coches pegados uno a otro, de frente, el otro tan cerca que sus luces delanteras inundaron mi asiento trasero. creo que en el último segundo el otro conductor tocó el freno. eso nos dio un pelo. Neal debió haberlo calculado. aquel movimiento. pero no había terminado. ahora íbamos a toda velocidad y el otro auto, acercándose lentamente por el Hollywood Boulevard, estaba a punto de bloquear el giro a la izquierda en Carlton. Siempre recordaré el color de aquel auto. tan cerca estuvimos. un tipo gris-azul, un auto viejo, cupé, encorvado y duro como un ladrillo de acero rodante. Neal dobló a la izquierda. para mí era como si estuviésemos yendo a embestir directo al centro del auto. era obvio. pero de algún modo, el movimiento hacia adelante del otro auto y nuestro movimiento a la izquierda coincidieron de manera perfecta. el pelo estuvo allí. de nuevo. Neal estacionó el auto y entramos. Joan sirvió la cena.

Neal comió todo lo de su plato y la mayor parte de lo del mío. tomamos un poco de vino. Joan tenía de niñero a un joven homosexual muy inteligente, que creo ahora que se fue con alguna banda de rock o se mató o algo así. le pellizcaba los cachetes del culo cuando pasaba cerca. le encantaba.

creo que me quedé más tiempo del pensado, tomando y charlando con Neal. el niñero estuvo hablando sobre Hemingway, comparándome de algún modo con Hemingway, hasta que le dije que se callase y subió a ver cómo estaba Jason. fue unos días después que Bryan me llamó por teléfono:

"Neal está muerto. Neal murió".

"mierda, no".

Bryan me contó entonces algo acerca del tema. colgó.

eso fue todo.

todos aquellos viajes, todas aquellas páginas de Kerouac, toda la cárcel, para morir solo bajo la helada luna mexicana, ¿entendés? ¿no podés ver los miserables flacos cactus? México no es un mal lugar simplemente porque está oprimido; México es simplemente un mal lugar. ¿no ves a los animales del desierto mirando? las ranas, cornudas y simples, las serpientes como tajos de las mentes de los hombres reptando, deteniéndose, esperando, mudas bajo la muda luna mexicana. reptiles, rápido movimiento de cosas, mirando a este tipo en la arena con su camiseta blanca.

Neal, había encontrado su movimiento. no hirió a nadie. el chico duro de la cárcel yacía acostado junto a unas vías de tren mexicanas.

la única noche que estuve con él le dije: "Kerouac escribió todos tus otros capítulos. yo ya he escrito tu último".

"adelante", dijo. "escribilo".

final del texto.

≈

–

Extraído de Charles Bukowski, *Notes of a Dirty Old Man*, City Lights Books, San Francisco 1969.
Traducción y presentación de Mariano Rolando Andrade.

CHINASKI *se encuentra* *con* WILLIAM BURROUGHS

En la trilogía de las novelas *Post Office*, *Factotum* y *Women*, Charles Bukowski (bajo el *alter ego* de Henry Chinaski) resumió gran parte de su vida.

En *Women*, a los cincuenta años edad, Henry Chinaski se enfrentaba con una creciente reputación literaria, y era invitado a varias lecturas de poesía en numerosos distritos de Estados Unidos. Básicamente el autor vivía del pago de esas lecturas, además de la venta de sus libros.

En una de ellas, en el Norte del país, Charles Bukowski conoció a William Burroughs, experiencia narrada en el capítulo 83 de *Women* (1979, Black Sparrow).

~

Había accedido a dar una lectura en el Norte. Era la tarde anterior al recital y yo estaba sentado en un apartamento en el Holiday Inn tomando cerveza con Joe Washington, el promotor, y el poeta local Dudley Barry, junto a su novio, Paul. Dudley había salido del closet y había anunciado que era homosexual. Era gordo, nervioso y ambicioso. Se paseaba de un lugar a otro.

—¿Vas a dar una buena lectura?

—No lo sé.

—Atraes a las multitudes. Jesús, ¿cómo lo haces? Se alinean alrededor de la manzana.

—Le gustan las sangrías.

Dudley agarró a Paul por las mejillas del culo.

(...)

Joe Washington estaba parado junto a la ventana.

—Escucha, mira, aquí viene William Burroughs en camino. Está en el apartamento justo al lado del tuyo. Estará leyendo mañana por la noche.

Caminé hacia la ventana. Era Burroughs, de acuerdo. Di la vuelta y abrí una nueva cerveza. Estábamos en el segundo piso. Burroughs subió por las escaleras, pasó por mi ventana, abrió su puerta y entró.

—¿Quieres ir a conocerlo? —preguntó Joe.

—No.

—Voy a ir verlo por un minuto.

—Muy bien.

Dudley y Paul estaban jugando a agarrarse el culo. Dudley se estaba riendo y Paul soltaba unas risas, ruborizándose.

—¿Por qué no lo hacen en privado, chicos?

—¿No es lindo? —preguntó Dudley—. ¡Me encantan los jóvenes!

—Estoy más interesado en las hembras.

—No sabes lo que te estás perdiendo.

—No te preocupes.

—Jack Mitchell lo hace con travestis. Escribe poemas sobre ellos.

—Al menos parecen mujeres.

—Algunos de ellos se ven mejor.

Bebí en silencio.

Joe Washington regresó.

—Le dije a Burroughs que estabas en el apartamento de al lado. Le dije: 'Burroughs, Henry Chinaski está en el apartamento de al lado'. Él dijo: 'Oh, ¿de verdad?'. Le pregunté si quería conocerte. Dijo: 'No'.

—Deberían tener refrigeradores en estos lugares —dije—. Esta cerveza de mierda se está calentando.

Salí a buscar una máquina de hielo. Mientras pasaba por la habitación de Burroughs lo vi sentado en una silla junto a la ventana. Él me miró con indiferencia.
Encontré la máquina de hielo y volví con el hielo y lo puse en el lavabo y metí las cervezas allí.
No recuerdo mucho sobre la lectura, pero me desperté solo en la cama al día siguiente. Joe Washington golpeó alrededor de las 11 de la mañana.
—¡Escucha, amigo, esa fue una de tus mejores lecturas!
—¿En serio? ¿No me estás cargando?
—No, tú estabas allí. Aquí está el cheque.
—Gracias, Joe.
—¿Estás seguro de que no quieres conocer a Burroughs?
—Estoy seguro.
—Estará leyendo esta noche. ¿No te vas a quedar a su lectura?
—Tengo que volver a Los Ángeles, Joe.
—¿Alguna vez lo escuchaste leer?
—Joe, quiero darme una ducha y salir de aquí. ¿Vas a llevarme al aeropuerto?
—Por supuesto.
Cuando nos fuimos, Burroughs estaba sentado en su silla junto a la ventana. No dio ni la menor señal de haberme visto. Yo lo miré y seguí caminando. Tenía mi cheque. Estaba ansioso por ir al hipódromo. . . .

≈

–

Extraído de *WOMEN,* Charles Bukowski, HarperCollins Publishers, NY 1978. Traducción y selección de Juan Arabia.

Esto es lo que mató a DYLAN THOMAS

por *Charles Bukowski*

Subo al avión con mi novia, el camarógrafo, el sonidista y el productor. La cámara está encendida. El sonidista nos colocó unos pequeños micrófonos. Voy camino a San Francisco para dar una lectura de poesía. Soy Henri Chinaski, poeta. Soy magnífico, profundo. Huevos. Bueno, sí, tengo unos huevos terribles.

El canal 15 está pensando en hacer un documental sobre mi vida. Llevo puesta una camisa nueva y limpia, y mi novia es vibrante, magnífica, con sus treinta y pocos años. Ella esculpe y escribe y hace el amor maravillosamente. Tengo la cámara pegada a mi cara. Yo hago como si no estuviese ahí. Los pasajeros miran, las azafatas pasan, la tierra les fue robada a los indios, Tom Mix está muerto, y yo me he tomado un buen desayuno.

Pero yo no puedo dejar de pensar en los años de habitaciones solitarias, cuando las únicas personas que golpeaban a mi puerta eran las caseras pidiendo el alquiler atrasado o el F.B.I. Yo vivía con ratas, ratones y vino, y mi sangre se derramaba por las paredes de un mundo que no podía entender, y que incluso ahora no entiendo. En lugar de vivir, me moría de hambre; corría enloquecido entre mis propios pensamientos y me escondía. Cerraba todas las persianas y miraba al techo. Cuando salía, era para irme a algún bar, donde pedía algún trago, hacía algunos mandados y era golpeado en callejones por hombres seguros y bien alimentados. Bueno, gané algunas peleas, pero sólo porque estaba loco. Pasé años sin mujeres, vivía de mantequilla de maní y robaba pan y patatas cocidas. Era el tonto, el bobo, el idiota. Quería escribir, pero la máquina siempre estaba empeñada. Me rendía y bebía...

El avión despegó y la cámara seguía filmando. Mi novia y yo charlábamos. Llegaron las bebidas. Yo tenía a la poesía, y a una mujer magnífica. La vida estaba recuperándose. Pero las trampas, Chinaski, cuidado con las trampas. Luchaste por largo tiempo para poner al mundo como querías. No dejes que una pequeña adulación ni una cámara de cine te saquen de tu posición. Recuerda lo que dijo Jeffers—incluso los hombres más fuertes pueden caer atrapados, como Dios cuando pasó por la tierra. Bueno, tú no eres Dios, Chinaski, relájate y toma otro trago. ¿Tal vez deberías decir algo profundo para el sonidista? No, déjalo sudar. Déjalos sudar a todos. Es la grabación de su película. Mira el tamaño de las nubes. Estás volando con ejecutivos de I.B.M., de Texaco, de...

Estás volando con el enemigo.

En la escalera mecánica del aeropuerto un hombre me pregunta:

—¿Qué ocurre con todas esas cámaras? ¿Qué está pasando?

—Soy un poeta —le digo.

—¿Un poeta? —pregunta él—. ¿Y cuál es su nombre?

—García Lorca —digo...

Bien, North Beach es diferente. Son jóvenes y llevan *jeans* y andan dando vueltas por ahí. Estoy viejo. ¿Dónde están los jóvenes de hace 20 años? ¿Dónde está Joe? Todo eso. Bueno, estuve en San Francisco hace 30 años y evité pasar por North Beach. Ahora estoy paseando por ese lugar. Veo mi cara en carteles por todas partes. Ten cuidado, viejo, la succión ha comenzado. Quieren sacarte la sangre.

Mi novia y yo paseamos con Marionetti. Muy bien, aquí estamos paseando con Marionetti. Es agradable estar con Marionetti, tiene unos ojos amables y las jóvenes lo paran por la calle y hablan con él. Ahora, pienso, me podría quedar en San Francisco... pero sé que lo mejor es volver a L. A. con la ametralladora montada en la ventana delantera. Podrían haber atrapado a Dios, pero Chinaski recibe el consejo del diablo.

Marionetti se va y ahí hay un café beatnik. Nunca he estado en un café beatnik. Ahora estoy en un café beatnik. Mi novia y yo pedimos del mejor —60 centavos la taza—. Gran momento. Pero no lo vale. Los chicos se sientan a saborear sus cafés, esperando a que algo suceda. Aunque nada va a suceder. Cruzamos la calle hacia un café italiano. Marionetti está de vuelta con el chico del *S.F. Chronicle* que en su columna dijo que yo era el mejor escritor de cuentos que había aparecido desde Hemingway. Le dije que estaba equivocado; no sé cuál será el mejor luego de Hemingway, pero seguro que no es H. C. Soy demasiado descuidado. No pongo suficiente esfuerzo. Estoy cansado.

El vino llegó. Mal vino. La señora trae sopa, ensalada y una fuente de ravioles. Otra botella de vino malo. Estamos demasiado llenos para comernos el plato principal. La conversación está perdida. No tratamos de ser brillantes. Tal vez no podamos. Salimos.

La multitud más grande desde Yevtushenko... Salgo al escenario. Mierda caliente. Chinaski mierda caliente. Hay una pequeña heladera detrás mío llena de cervezas. La abro y saco una. Me siento y empiezo a leer. Han pagado 2 dólares por cabeza. Buenas personas. Algunos me son hostiles desde el principio. Un tercio del público me odia, un tercio me ama, y el otro tercio no sabe qué demonios hacer. Tengo algunos poemas de los que sé que van a incrementar ese odio. Es bueno sentir hostilidad, mantiene la cabeza despejada.

—¿Quiere levantarse Laura Day, por favor? ¿Quiere mi amor ponerse de pie?

Y ella lo hace, agitando sus brazos.

Comencé a interesarme más en la cerveza que en la poesía. Hablo entre los poemas, palabras secas y banales, monótonas. Soy H. Bogart. Soy Hemingway. Soy mierda caliente.

—¡Lee los poemas, Chinaski! —gritaron.

Tienen razón, ya sabes. Trato de dedicarme de lleno a los poemas. Pero me paso gran parte del tiempo abriendo la puerta de la pequeña heladera. Hace el trabajo más fácil, y ellos ya han pagado. Una vez me contaron que John Cage salió al escenario, se comió una manzana, se fue, y ganó mil dólares. Supuse que a mí todavía me faltaban unas cuantas cervezas. Bueno, finalmente todo terminó. Vinieron a acercarse. Autógrafos. Habían venido desde Oregon, L. A., Washington. Había también jóvenes muy bonitas. Esto es lo que mató a Dylan Thomas.

Vuelvo a subir las escaleras hacia nuestra habitación, bebiendo cerveza y hablando con Laura y Joe Krysiak. Están golpeando la puerta allí abajo. «¡Chinaski! ¡Chinaski!» Joe baja a contenerlos. Soy una estrella rock. Finalmente bajo y dejo entrar a unos cuantos. Conozco a algunos de ellos. Poetas muertos de hambre. Editores de pequeñas revistas. Aparecen algunos que no conozco. Está bien, está bien—¡Cierren la puerta!

Bebemos. Bebemos. Bebemos. Al Masantc se cae en el baño y se golpea y abre la parte superior de su cabeza. Un muy buen poeta, ese Al.

Bien, todo el mundo está hablando. Es otra descuidada borrachera de cerveza. Entonces el editor de una pequeña revista empieza a golpearse con un marica. No me gusta eso. Intento separarlos. Una ventana se rompe.

Los empujo por las escaleras. Empujo a todo el mundo por las escaleras, excepto a Laura. La fiesta terminó. Bueno, no del todo. Laura y yo seguimos ahí. Ella tiene temperamento, y llega mi turno de jugar. Aunque terminó en nada, como siempre. Y le digo que se vaya al infierno. Y lo hace.

Me despierto horas más tarde y ella está de pie en medio de la habitación.

Me levanto de la cama, maldiciéndola. Se me tira encima.

—¡Te mataré, hijo de puta!

Estoy borracho. Ella está encima mío en el suelo de la cocina. Mi cara está sangrando. Me muerde y me hace un agujero en el brazo. No quiero morir. ¡No quiero morir! ¡Sea condenada la pasión! Corro dentro de la cocina y me arrojo media botella de yodo sobre el brazo. Ella está tirando mis calzoncillos y camisas fuera de la maleta, y agarra su billete de avión. Una vez más, sigue sola por su camino. Otra vez terminamos todo para siempre. Vuelvo a la cama y escucho sus tacos bajando por la colina.

En el avión de regreso la cámara está prendida. Estos chicos del canal 15 están dispuestos a descubrir algo más sobre la vida. La cámara hace *zooms* en el agujero de mi brazo. Tengo dos profundos agujeros en la mano.

—Caballeros —digo—. No hay nada que hacer con las mujeres. Absolutamente nada.

Todos mueven la cabeza, asintiendo. El sonidista, el camarógrafo asiente, el productor asiente. Algunos de los pasajeros asienten. Yo bebo duro todo el viaje, saboreando mi pena, como algunos dicen. ¿Qué puede hacer un poeta sin dolor? Lo necesita tanto como a la máquina de escribir.

Por supuesto, al llegar hago una parada en el bar del aeropuerto. Lo hubiera hecho de todas formas. La cámara me sigue. Los chicos del bar miran, toman sus bebidas y hablan acerca de la imposibilidad de hacer algo con las mujeres. Mis honorarios por la lectura son de 400 dólares.

—¿Para qué está esa cámara? —me pregunta el chico de al lado.

—Soy un poeta —le digo.

—¿Un poeta? —pregunta él—. ¿Cúal es tu nombre?

—Dylan Thomas —contesto.

Tomo mi bebida, la vacío de un trago y miro fijamente hacia adelante. Estoy en mi camino.

≈

Extraído de Charles BUKOWSKI, "This Is What Killed Dylan Thomas", (Story written in 1972), *South of No North* 1973, p. 129. Traducción de Juan Arabia.

Hawley's leaving town

this guy
he's got AN crazy eye
and he's brown
AN dark brown from the sun
the Hollywood and Western sun
the racetrack sun
he sees me and he says,
"Hey, Hawley's leaving town
for a week. He messes up
my handicapping. Now
I've got a chance."

he's grinning. he means it:
with Hawley out of town
he's going to move toward
that castle in THE Hollywood Hills;
dancing girls
six German Shepards
A drawbridge,
ten year old
wine.

Sam the Whorehouse Man
walks up and I tell Sam that
I am clearing $150 a day
at the track.
"I work right off the
toteboard," I tell him.
"I need a girl," he tells me
"who can belt-buckle a guy
without coming OUT with all
this Christian moral bullshit
afterwards."

"Hawley's leaving town,"
I tell Sam.
"Where's the Shoe?"
he asks.
"Back east," says an old man
who's standing there.
he has a white plastic shield
over his left eye
WITH little holes
punched into it.

(continued, new stanza)

"That leaves it all to Pinky,"
says dark brown.

we all stand looking at each
other.
then
a silent signal given
we turn away
and start walking,
each
in different directions:
NORTH SOUTH EAST WEST.

we know something.

c/Charles Bukowski oneIX7(3 plus 2)

Charles Bukowski
6-22-75

— POESÍA DE CHARLES BUKOWSKI

FANTE

every now and then it comes back to
me,
him in bed there, blind,
being slowly chopped away,
the little bulldog,
the nurses passing through, pulling
at curtains, blinds, sheets.
seeing if he was still alive.
the Colorado Kid.
the courage of the *American
Mercury*.
Mencken's Catholic bad boy.
gone Hollywood.
and tossed up on shore.
being chopped away. chop, chop, chop.
until he was gone.

he never knew he would be
famous.
i wonder if he would have given a damn.
i think he would have.

John, you're big time now.
You've entered the Books of
Forever
right there with Dostoevsky,

FANTE

a cada rato vuelve a
mí.
allá en su cama, ciego,
siendo lentamente consumido,
el pequeño bulldog.
las enfermeras merodeando, corriendo
las cortinas, las persianas, las sábanas.
viendo si aún seguía con vida.
el chico de Colorado.
el coraje de *American
Mercury*.
el chico malo católico de Mencken.
que fue a Hollywood.
y se echó en su orilla.
consumiéndose, consumiéndose, consumiéndose,
hasta que se fue.

él nunca supo que sería famoso.
me pregunto si le hubiera
importado.
yo creo que sí.

John, este es tu gran momento.
entraste en los Libros de la
Eternidad
ahí junto a Dostoievski,

Tolstoy, and your boy
Sherwood Anderson

I told you.

and you said, "you wouldn't
shit an old blind man,
would you?"
ah, no need for that, bulldog.

Tolstói, y tu pequeño
Sherwood Anderson

te lo dije.

y vos decías, "¿no cagarías
a un viejo ciego,
verdad?"
ah, no hay necesidad de eso,
bulldog.

–

Extraído de Charles BUKOWSKI *Muse: Poems & Stories*. Traducción de Juan Arabia.

SMALL CONVERSATION IN THE AFTERNOON WITH JOHN FANTE

he said, "I was working in Hollywood when Faulkner was
working in Hollywood and he was
the worst: he was too drunk to stand up at the
end of the afternoon and so I had to help him
into a taxi
day after day after day".

"but when he left Hollywood, I stayed on, and while I
didn't drink like that maybe I should have, I might have
had the guts then to follow him and get the hell out of
there."

I told him, "you write as well as
Faulkner."

"you mean that?" he asked from the hospital

bed, smiling.

BREVE CONVERSACIÓN CON JOHN FANTE POR LA TARDE

él dijo: "yo trabajaba en Hollywood cuando Faulkner
trabajaba en Hollywood, y él era
el peor: hacia el final de la tarde estaba demasiado borracho
como para ponerse de pie y entonces yo tenía que ayudarlo
a meterse en un taxi
día tras día tras día".

"pero cuando él se marchó de Hollywood, yo me quedé, y si bien
yo no me emborrachaba de esa forma, tal vez hubiera sido bueno
hacerlo; podría haber tenido el coraje para seguirlo y salir de una
puta vez de ahí."

le dije, "escribís tan bien como Faulkner."

"lo decís en serio?" preguntó desde su

cama del hospital, sonriendo.

–

Extraído de Charles BUKOWSKI *Small conversation in the afternoon with John Fante*. Traducción de Camila Evia.

4:30 A.M

the fields rattle
with red birds;
it is 4:30 in
the morning,
it is always
4:30 in the morning,
and I listen for
my friends:
the garbagemen
and the thieves,
and cats dreaming
red birds
and red birds dreaming
worms,
and worms dreaming
along the bones
of my love,
and I cannot sleep
and soon morning will come,
the workers will rise,
and they will look for me
at the docks,
and they will say,
"he is drunk again,"
but I will be asleep,
finally,

4:30 A.M

los campos crujen
con pájaros rojos,
son las 4:30 de
la mañana;
siempre son las
4:30 de la mañana,
y escucho a
mis amigos:
los basureros y
los ladrones,
y gatos soñando
pájaros rojos
y pájaros rojos soñando
gusanos,
y gusanos soñando
acompañado de los huesos de
mi amor,
y no puedo dormir,
y pronto llegará la mañana,
los trabajadores se despertarán,
y me buscarán
en los muelles,
y dirán
"está borracho de nuevo,"
pero estaré dormido,
finalmente,

among the bottles and
sunlight,
all darkness gone,
my arms spread like
a cross,
the red birds
flying,
flying,
roses opening in the smoke,
and
like something stabbed
and healing,
like
40 pages through a bad novel,
a smile upon
my idiot's face

entre las botellas y
la luz del sol,
toda oscuridad detrás,
mis brazos extendidos como
una cruz,
los pájaros rojos
volando,
volando,
rosas que se abren en el humo,
y como algo
apuñalado
y cicatrizante
como
40 páginas a través de una mala novela,
una sonrisa sobre
mi cara de idiota

–

Extraído de Charles BUKOWSKI, *The Rooming House Madrigals: Early Selected Poems, 1946-1966*, Black Sparrow Press, 1988. Traducción de Juan Arabia.

CARSON MCCULLERS

she died of alcoholism
wrapped in a blanket
on a deck chair
on an ocean
steamer.

all her books of
terrified loneliness

all her books about
the cruelty
of loveless love

were all that was left
of her

as the strolling vacationer
discovered her body
notified the captain

INCLUIDO EN EL TOMO *THE PLEASURES OF THE DAMNED – POEMS, 1951-1993* (EDITADO POR JOHN MARTIN PARA HARPERCOLLINS), ESTE POEMA REMEMORA A LA ESCRITORA ESTADOUNIDENSE DE LA CÉLEBRE NOVELA *THE HEART IS A LONELY HUNTER* (1940).

CARSON MCCULLERS

ella murió de alcoholismo
envuelta en una manta
en una reposera
de un barco
de vapor.

todo lo que de ella
quedaba

eran sus libros de
aterradora soledad

todos sus libros sobre
la crueldad
del amor sin amor

como el turista que paseando
descubrió su cuerpo
y notificó al capitán

and she was quickly dispatched
to somewhere else
on the ship

as everything
continued just
as
she had written it.

y ella fue despachada rápidamente
a otro lugar
en el barco

y todo
continuó simplemente
tal
como ella lo dejó escrito.

–

Extraído de Charles BUKOWSKI, *The Pleasures Of The Damned, Poems, 1951-1993*, HarperCollins, NY 2017, p. 98. Traducción de Juan Arabia.

CONGRATS, CHINASKI

as I near 70
I get letters, cards, little gifts
from strange people.
congratulations, they tell me,
congratulations

I know what they mean:
the way I have lived
I should have been dead in half
that time

I have piled myself with a mass of
grand abuse, been
careless toward myself
almost to the point of madness,
I am still here
leaning toward this machine
in this smoke-filled room,
this large blue trashcan to my
left
full of empty
containers

the doctors have no answers
and the gods are
silent

FELICIDADES, CHINASKI

como estoy cerca de los 70
recibo cartas, tarjetas, pequeños presentes
de gente extraña.
felicidades, me dicen
felicidades

yo sé lo que quieren decir:
por el modo en que he vivido
debí haber estado muerto en la mitad
de todo este tiempo

me he cobijado bajo una masa
de grandes abusos, sin ningún tipo de cuidado
hacia mi persona
casi al punto de la locura,
pero sigo aquí
inclinándome hacia esta máquina
en esta sala llena de humo,
con este bote de basura largo y azul
a mi izquierda
lleno de botellas
vacías

los doctores no tienen respuesta
y en silencio
están los dioses

congratulations, death,
on your patience.
I have helped you all that
I can

now one more poem
and a walk out on the balcony,
such a fine night there

I am dressed in shorts and stockings,
gently scratch my old
belly,
look out there
look off there
where dark meets dark

it's been one hell of a crazy
ballgame

felicidades, muerte,
por tu paciencia.
te he ayudado todo lo que he
podido

ahora un poema más
un deambular por el balcón,
qué agradable noche

estoy en shorts y medias,
me rasco gentilmente mi veterana
barriga,
miro por ahí
miro fuera de ahí
donde la oscuridad se reúne con la oscuridad

este juego ha sido una locura
del infierno

—
Extraído de *https://bukowski.net.* Traducción de Jorge Cabrera Labbé. Publicado originalmente en *El Navegante,* Año V Número 5 / *Universidad del Desarrollo.*

MILLONARIOS

you
no faces
no faces
at all
laughing at nothing –
let me tell you
I have drunk in skidrow rooms with
imbecile winos
whose cause was better
whose eyes still held some light
whose voices retained some sensibility,
and when the morning came
we were sick but not ill,
poor but not deluded,
and we stretched in our beds and rose
in the late afternoons
like millionaires.

MILLONARIOS

ustedes
no tienen cara
no tiene cara
en absoluto
riendo de nada –
dejame decirte que
me emborraché en una pocilga con
imbéciles borrachos
cuya causa era mucho mejor
cuyos ojos todavía tenían algo de luz
cuyas voces retenían alguna sensibilidad,
y cuando llegó la mañana
quedamos rotos pero no enfermos,
pobres pero no engañados,
y nos estiramos en nuestras camas y nos levantamos
en las últimas horas de la tarde
como millonarios.

–

Extraído de Charles BUKOWSKI, *The Pleasures Of The Damned, Poems, 1951-1993*, HarperCollins, NY 2017, p. 117. Traducción de Juan Arabia y Camila Evia.

POETRY

it
takes
a lot of

desperation

dissatisfaction

and
disillusion

to
write

a
few
good
poems.

it's not
for
everybody

either to

POESÍA

se
requiere
de mucha

desesperación

insatisfacción

y
desilusión

para
escribir

un
par
de buenos
poemas.

no es
para
todo el mundo

ya sea

write
it

or even to

read
it.

para
escribirlos

o incluso

para
leerlos.

–
Extraído de Charles BUKOWSKI, *The Pleasures Of The Damned, Poems, 1951-1993*, HarperCollins, NY 2017, p. 395. Traducción de Juan Arabia.

THE FIGHTER

Hemingway feels it from the grave
every time the bulls run through

the streets of
Pampelune
again

he sits up
the skeleton rattles

the skull wants a drink

the eyeholes want sunlight action.

the young bulls are beautiful,
Ernest

and you were
too

no matter
what they say

now.

EL LUCHADOR

Hemingway lo siente desde la tumba
cada vez que los toros corren

por las calles de
Pamplona
otra vez

se incorpora
el esqueleto resuena

la calavera quiere un trago

las cavidades de los ojos quieren la luz del sol.

los jóvenes toros son bellos,
Ernest

y tú lo eras
también

no importa
lo que digan

ahora.

–
Extraído de Charles BUKOWSKI, *People Poems 1982-1991*, Woormwood Books & Magazines, Stockton, California 1991. Traducción Mariano Rolando Andrade.

THE REPLACEMENTS

Jack London drinking his life away while
writing of strange and heroic men.
Eugene O'Neill drinking himself oblivious
while writing his dark and poetic
works.

now our moderns
lecture at universities
in tie and suit,
the little boys soberly studious,
the little girls with glazed eyes
looking
up,
the lawns so green, the books so dull,
the life so dying of
thirst.

LOS SUSTITUTOS

Jack London malgastando su vida en la bebida
mientras escribe sobre heroicos y extraños hombres.
Eugene O'Neill emborrachándose inconsciente
mientras escribe sus oscuros y poéticos trabajos.

ahora nuestras modernas
lecturas en las universidades
en traje y corbata,
los niños pequeños sobriamente estudiosos,
las niñas con ojos vidriosos
mirando
hacia arriba,
el césped tan verde, los libros tan aburridos,
la vida tan muerta de
sed.

–

Extraído de Charles BUKOWSKI, *The Pleasures Of The Damned, Poems, 1951-1993*, HarperCollins, NY 2017, p. 440. Traducción de Juan Arabia.

ONE FOR THE OLD BOY

he was just a
cat
cross-eyed,
a dirty white
with pale blue eyes

I won't bore you with his
history
just to say
he had much bad luck
and was a good old
guy
and he died
like people die
like elephants die
like rats die
like flowers die
like water evaporates and
the wind stops blowing

the lungs gave out
last Monday.
now he's in the rose
garden

UNO PARA EL VIEJO CHICO

él era sólo un
gato
bizco,
blanco y sucio
con los ojos de color azul claro

no quiero aburrirte con su
historia
sólo quiero decir que
tuvo mucha mala suerte
y era un viejo y buen
amigo
y murió
como las personas mueren
como los elefantes mueren
como las ratas mueren
como las flores mueren
como el agua se evapora y
el viento deja de soplar

los pulmones se rindieron
el lunes pasado.
ahora él está
en el jardín de rosas

and I've heard a
stirring march
playing for him
inside of me
which I know
not many
but some of you
would like to
know
about.

that's
all.

y he escuchado
una emotiva marcha
sonando para él
dentro de mí
de la que yo sé
que no a muchos
pero algunos de ustedes
le gustaría
saber.

eso es
todo.

–

Extraído de Charles BUKOWSKI, *The Pleasures Of The Damned, Poems, 1951-1993*, HarperCollins, NY 2017, p. 460. Traducción de Juan Arabia.

MY CATS

I know. I know.
they are limited, have different
needs and
concerns.

but I watch and learn from them.
I like the little they know,
which is so
much.

they complain but never
worry.
they walk with a surprising dignity.
they sleep with a direct simplicity that
humans just can't
understand.

their eyes are more
beautiful than our eyes.
and they can sleep 20 hours
a day
without
hesitation or
remorse.

MIS GATOS

lo sé. lo sé.
ellos son limitados, tienen distintas
necesidades y
preocupaciones.

pero yo los miro y aprendo de ellos.
me gusta lo poco que saben,
que es
tanto.

ellos se quejan pero jamás
se inquietan.
ellos caminan con asombrosa dignidad.
ellos duermen con una determinada simpleza que
los humanos sencillamente no pueden
comprender.

sus ojos son más
hermosos que nuestros ojos.
y pueden dormir 20 horas
al día
sin
vueltas ni
remordimientos.

when I am feeling
low
all I have to do is
watch my cats
and my
courage
returns.

I study these
creatures.

they are my
teachers.

cuando me siento
mal
todo lo que tengo que hacer es
mirar a mis gatos
y mi
coraje
regresa.

estudio a estas
criaturas.

ellos son mis
maestros.

–

Extraído de Charles BUKOWSKI, *The Pleasures Of The Damned, Poems, 1951-1993*, HarperCollins, NY 2017, p. 462. Traducción de Camila Evia.

ROLL THE DICE

if you're going to try, go all the
way.
otherwise, don't even start.

if you're going to try, go all the
way.
this could mean losing girlfriends,
wives, relatives, jobs and
maybe your mind.

go all the way.
it could mean not eating for 3 or 4 days.
it could mean freezing on a
park bench.
it could mean jail,
it could mean derision,
mockery,
isolation.
isolation is the gift,
all the others are a test of your
endurance, of
how much you really want to
do it.
and you'll do it
despite rejection and the worst odds
and it will be better than

TIRA LOS DADOS

si lo vas a intentar, dale hasta el
final
de lo contrario, ni siquiera empieces.

si lo vas a intentar, dale hasta el
final.
esto podría significar perder novias,
esposas, parientes, empleos y
quizás tu cabeza.

dale hasta el final
podría significar no comer durante 3 o 4 días.
podría significar congelarte en el
banco de un parque.
podría significar cárcel,
podría significar escarnios,
burlas,
aislamiento,
el aislamiento es un regalo,
todos los demás son una prueba de tu
resistencia,
de cuánto en realidad quieres
hacerlo.
y lo harás
a pesar del rechazo y las peores posibilidades,
será mejor que

anything else
you can imagine.

if you're going to try,
go all the way.
there is no other feeling like
that.
you will be alone with the gods
and the nights will flame with
fire.

do it, do it, do it.
do it.

all the way
all the way.

you will ride life straight to
perfect laughter, its
the only good fight
there is.

cualquier otra cosa
que puedas imaginar.

si lo vas a intentar,
dale hasta el final
no hay otra sensación
como esa.
estarás a solas con los dioses
y las noches arderán en
llamas.

hazlo, hazlo, hazlo,
hazlo.

hasta el final
hasta el final

montarás a la vida directo a
la risa perfecta, es
la única batalla justa
que hay.

—

Extraído de Charles BUKOWSKI, *What Matters Is How Well You Walk Through the Fire*, 1999.
Traducción de Juan Carlos Villavicencio

LIKE A DOLPHIN

dying has its rough edge.
no escaping now.
the warden has his eye on me.
his bad eye.
I'm doing hard time now.
in solitary.
locked down.
I'm not the first nor the last.
I'm just telling you how it is.
I sit in my own shadow now.
the face of the old people grows dim.
the old songs still play.
hand to my chin, I dream of
nothing while my lost childhood
leaps like a dolphin
in the frozen sea.
.

COMO UN DELFÍN

morir tiene su lado difícil.
no hay escapatoria.
el guardián tiene su ojo en mí.
su ojo malo.
estoy cumpliendo la condena ahora.
en soledad.
encerrado.
no soy el último ni el primero.
sólo te estoy diciendo cómo es.
me siento sobre mi propia sombra.
el rostro de los ancianos oscurece.
las viejas canciones todavía suenan.
con una mano en mi mentón, sueño con
nada mientras mi perdida infancia
salta como un delfín
en el mar congelado.

–

Extraído de Charles BUKOWSKI, *The Pleasures Of The Damned, Poems, 1951-1993*, HarperCollins, NY 2017, p. 544. Traducción de Juan Arabia.

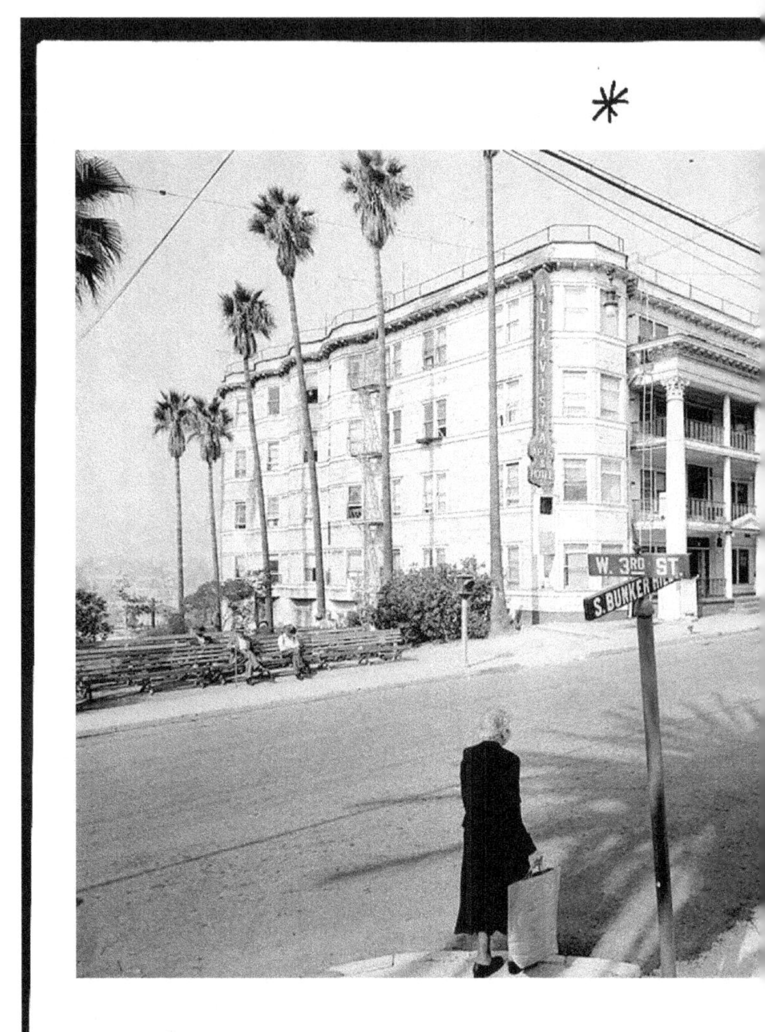
W. 3RD ST.
S. BUNKER

SUPERVIVENCIA EN ALTA VISTA HOTEL, BUNKER HILL / JOHN FANTE & CHARLES BUKOWSKI

---

por Juan Arabia

El primer acercamiento de la obra de Fante con el público fue un breve cuento titulado "Altar Boy", publicado en la revista *The American Mercury* (fundada y dirigida por H. L. Mencken) y al que hace más de una referencia en *Ask the Dust*, aunque bajo otro título (el título que aparece en ficción es "El perrito que reía").

Sin dinero, lejos de su familia, y con un texto publicado en una revista, Fante se convirtió en Arturo Bandini, el gran escritor. Como el Cañon del Colorado, Fante también se formó por un río predecesor. Pero, a diferencia de sus precursores, muchos de los que aún estaban vivos, él era pobre (casi indigente) y estaba solo realmente.

Esto no quiere decir que su lamento haya sido el único en los años 30. Pero precisamente, si un escritor del tamaño de Scott Fitzgerald incluso consagrado se rendía ante todo publicando *The Crack-Up* en 1936, ¿qué podía esperar un joven de procedencia humilde e inmigrante que terminaba su primera novela el mismo año?

Una esperanza radiaba desde su interior. Fante enfrentaba la realidad con los puños desnudos, imponía su voluntad de vivir, escribía desde su corazón.

Una nota del editor estadounidense del libro póstumo que aparece bajo el título de *The Road to Los Angeles*, además de las memorias de su hijo Dan publicadas en el 2011 (*A Family´s Legacy of Writing, Drinking and Surviving*) y cartas del autor (*John Fante: Selected Letters, 1932-1981*) brindan mucha información sobre la vida de John Fante en los años 30. Se comprobó que vivía en un altillo en Long Beach y que, más tarde, consiguió un contrato para escribir su primera novela (finalmente rechazada por Knopf). Estos sucesos se comprenden mejor en *Ask the Dust*, donde su *alter ego*,

Bandini logra vivir de los pocos cuentos que consigue publicar en las revistas.

En la continuación de la saga Bandini, *Dreams from Bunker Hill*, el joven autor narra sus inicios como guionista de cine, oficio del que vivió por muchos años. Allí confiesa que escribir guiones era mucho más fácil y que le daba más dinero.

Pero todo se hizo mucho más esclarecedor hacia 1979, cuando Bukowski le escribió al mismo autor solicitando información para la introducción que él estaba preparando de *Ask the Dust* (prólogo que resultó fundamental, como dijimos, para su posterior descubrimiento).

Fante, fríamente enumerando sus respuestas, y como buen padre del realismo, despejó todas las dudas y misterios de la novela que cambiaría la vida de muchos escritores: "Entre 1934 y 1935 yo vivía en el Alta Vista Hotel de Bunker Hill. Escribía sólo algunos fragmentos – pequeñas historias para *The American Mercury*. Nunca tuve ganas de involucrarme con una novela, excepto por la presión de tener que pagar 6 dólares a la semana por un alquiler – una carga aplastante. Mi espalda todavía se dobla por el peso de esa terrible tarea".

≈

—

Publicado en la edición Impresa de Cultura del *Diario Perfil* – Domingo 25 de Septiembre de 2016 - Columna escrita para la Nota de Tapa "John Fante: El mayor de los malditos" por Juan Arabia (*http://www.perfil.com/cultura/john-fante.phtml*)

but I will be thinking of you and the luck that I will have of being able to tell people why ASK THE DUST is so good. Thank you, yes, yes, yes....

all the way,

Hank

Charles Bukowski

Carta de **JOHN FANTE** *a* **CHARLES BUKOWSKI** *(1979)*

Charles Bukowski le escribió a John Fante solicitando información para la introducción que él mismo estaba preparando para la nueva edición de *Ask the Dust*. En la carta, además, le pidió consejos sobre su guión para la película autobiográfica *Barfly*, protagonizada por Mickey Rourke y Faye Dunaway de 1987. Fante dirigió su respuesta a "Hank" (seudónimo de Bukowski).

—

A Charles Bukowski – 6 de febrero, 1979.

Estimado Hank,

Por lo general cobro una tasa estándar de 100 dólares por página para responder a cuestionarios como el suyo. Pero viendo su responsabilidad e intención de escribir un buen prólogo, voy a cancelar la cuota habitual, y responder a todas sus preguntas sin cargo:

1 *Ask the Dust* fue escrita en 1938.
2 Se publicó en 1939.
3 Fue escrita en un apartamento hacia el sur de Berendo Street, calle n° 800.
4 Yo vivía en Los Ángeles cuando fue publicada.
5 Entre 1934-35 yo vivía en el Alta Vista Hotel de Bunker Hill. Escribí sólo fragmentos durante ese tiempo – pequeñas historias para *The American Mercury*. Nunca tuve ganas de involucrarme con una novela, excepto por la presión de tener que pagar 6 dólares a la semana por un alquiler – una car-

ga aplastante. Mi espalda todavía se dobla por el peso de esa terrible tarea.

El director francés que está por encima suyo –siguiendo el guión minuto a minuto, página por página– suena como un chiflado para mí.
Me parece que esto puede determinar su tiempo y estilo. Tal vez usted quiera romper ciertas reglas…

Es necesario imponer límites y distancias. No puedes estar sujeto a las reglas del director francés. Tú eres el escritor. Así que escribe algo único, fuera de lo convencional.

Saludos,
John.

≈

–

Extraído de John FANTE, *Ask the Dust*, First Harper Perennial Modern Classics edition published, NY 2006. Traducción de Juan Arabia, 2016.

buenosaires
poetry

www.ingramcontent.com/pod-product-compliance
Lightning Source LLC
Chambersburg PA
CBHW080818170726
48000CB00021B/3211